현대시세계 시인선 181

너의 초대는 언제나 위험했다

박정선
시집

너의 초대는 언제나 위험했다

박정선
시집

시인의 말

나를 흔들고 있는 기억의 감정은 무엇일까

자화상에 비친 허상

채울까

비워둘까

그냥 붓 가는 대로 내버려둘까

2025년 6월
박정선

차례

시인의 말 5

1부
피안화 · 13
섬 · 14
어찌 하 · 15
미끼 · 16
투사 · 17
새망 걷혔다 · 18
블랙아웃 · 19
로드킬 · 20
인연 · 21
틀 · 22
내려놓지 마라 · 23
절벽마을 · 24
바람과 욕망 · 25
돈주앙 콤플렉스 · 26

2부

하얀 기억 · 31
요새 · 32
미궁에 빠지면 · 34
한발 늦었다 · 35
굿 · 36
수컷 본능 · 38
잎샘추위 · 40
동트기 전인데 · 41
신기루 · 42
관종 · 43
낯선 사람 · 44
다행이다 · 45
너만 있으면 · 46
진작에 · 47
책갈피 · 48

3부

단서 · 51

휴브리스 · 52

그녀의 무기 · 53

방황 · 54

추풍낙엽 · 55

양두구육 · 56

구원 환상 · 57

역린 · 58

열두 시 · 59

상실감 · 60

우월감 뒷면 · 62

과대망상 · 63

자화상 · 64

반응성 자아도취 · 65

혹시 · 66

4부

틀린 그림 찾기 · 69

이 남자 화법 · 70

자연법칙 · 71

노루골 연가 · 72

선 긋기 · 74

애상 · 75

습관 · 76

이순耳順에 던진 화두 · 77

문자 20200823 · 78

어떤 인연 맺고 있는가 · 79

레몬 팩 · 80

사랑의 지도 · 81

고독사 · 82

해설 번짐과 스며듦의 시학 / 최은묵 · 83

1부

피안화

폭우 쏟아지던 날

새벽 발인식 질퍽하다

우산도 없이

피안화 만개한다

구월 스무하루

선운사 붉은 선 넘어버린 죄

화엽불봉초花葉不逢草

비집고 나오는 말들이 온통 핏빛이다

섬

빈손 쥐고 돌아온 섬

일월, 가의도 바람 차다

밀어낼 듯 반기는 붉은 동백꽃

검은 옷 입은 채 출렁이는 밤바다

방향 잃은 발길 다시 사경 헤맨다

엄마 부르는 소리 들린다

그물에 걸린 날개

잃어버린 흔적에서 찾은 꺼져버린 기대

경계를 넘어

다시 섬으로 돌아갈 시간

어찌 하

다급히 다녀간 발걸음

요동치는 번뇌

다잡았던 마음 흔들린다

바람 끝에 매달린 시선

산사에 맴도는 침묵

돌아보지 마라

다시 길 잃을지 몰라

등 뒤에 쏟아지는 죽비

사미십계沙彌十戒 유혹

미끼

여우비가 내렸다

처녀 웃음 사라진 갯벌에선 밤새
늙은 사막여우 과거가 도마 위에 올랐다

속이 보이지 않는 물 같은 여자
날아가버린 이야기만 접었다 편다

그녀가 머무르는 청사도 절벽

다음 목적지엔 배가 없다

지금 그녀는 어느 물을 건너고 있을까

짠 바다가 파도를 세워 유혹하고 있다

아직도 갇힌 여자를 훔쳐내지 못하는 남자

돌담을 넘지 못하는 발걸음이 모래성에 저장되고

그녀들이 불려간 신전에는 계단이 없다

투사

상처 덧나지 않았을까

드센 파도에 앉아 태양을 갉아먹는 무기력한 여자

놓아주지 못하고 거부하는 기억들

낚싯줄에 걸린 흔적 지우려 몸부림친다

뒤엉킨 무의식의 시그널

아직도 곁도는 애증의 그림자

물거품은 비릿한 체취만 돌려주고

그물을 찢고 나가는 고기떼

잃어버린 너를 찾아 뻘밭 헤매는 무녀의 눈빛

뱃멀미 심한 무녀도에 가보셨나요

새망 걷혔다

새망 걷혔다
촘촘히 조여오던 새망 걷혔다
두려운 눈빛으로 그물만 쪼아대고

새망 열렸다
도망치다 멍든 다리
깃을 펴지 못한 채 떨구는 눈빛
날아가는 길은 자꾸 흐려지고

새망 닫혔다
흐린 등불 아래 갈 곳 잃은 새
날개가 굳은 채 길들여진 여자

상처에 갇힌 새망 팝니다

깃털 몇 개 낀 철문 활짝 열어둔 채, 휘이 휘이

늙은 여자 홀로 먼 곳으로 걸어가고,

블랙아웃

등 돌린 그림자는 매번 쓴맛이다
덫에 걸린 눈빛, 가시가 자라는 대답, 식어버린 입술, 낯선 이름표 달고 다가오는 그림자

모든 게 통째로 사라져버리는 어둠에서

사라져가는 별빛에도 건조주의보 뜬다 새들과 날고 싶은 대왕고래 꿈은 헛된 내일일까 정전기에 감전된 기억은 다시 찾을 수 있을까

차가운 입술만 클로즈업

숨겨진 상처에 부딪히는 술잔

초점 잃어야 멈추는 사랑

너를 포기해야 보이는 테두리

고장난 속도의 암전신호다

로드킬

바퀴에 새벽안개 끈적하다

가드레일 타고 흐르는 안개비처럼

울면서 머물다 간 너는 누구인가

부고장에 새겨진 길목 사라진다

인연

넌 오늘도 절벽에 올라 그네를 탄다

안대를 끼고 물구나무 선 채로

더 세게 밀어다오

나사 흔들리고 날개 흩어지고

역풍 부는 계곡으로 추락하는 그림자처럼

홀로 소리치는 밤 깊어간다

젖은 날개 접을 시간이다

너의 초대는 언제나 위험했다

틀

감당하지 못하고
또다시 어제에 빠져 허우적댄다
벌건 대낮 먹구름 덮친다

온갖 장애물 뒤집어쓴 채
허둥대는 육신
바위틈에 부서진다

인연이 다하면 사라지거늘
생각의 틀 따돌려보지만
어디서 온 고착인지
무지의 수행길 멀기만 한데

핑계 얻고자 간 점집에서

어쩌자고 또
덫에 걸리고 마는

내려놓지 마라

있는 그대로 받아들이란다

회피하지 말란다

내려놓으란다

욕심이 지나치단다

너는 누구인가

궤변인 듯 현혹된다

알아차렸느냐

내려놓지 마라

나는 부처가 아니다

당연한 것을 의심하라

절벽마을

절벽 건너 절벽 타고

수천 미터 낭떠러지

후들후들 암벽 넘는다

턱까지 차오른 숨

거미줄에 매달린 동공

녹슨 구름다리 오르고 또 오른다

독수리 요새에 숨겨진 사연

묻지 마라

지옥문 앞에서

촉나라 길은 험하다

바람과 욕망

고작 따뜻한 말 한마디 요구했는데

작은 바람이 욕망이란다

너 때문이라고 핑계대지 말란다

동정은 어리석은 짓이란다

나만 바라보라 했더니

불가능한 것은 욕심이란다

다시 헝클어진다

너와 나의 카르마

용인과 미련의 상관관계

돈주앙 콤플렉스

넌 무인도에 정착하지 못하고 가끔 섬을 탈출한다

똑같은 아침과 똑같은 저녁이라고 했다

파도에 바위가 닳고 저녁해가 매번 다른 것은 외면한 채

수년째 바닷속 숨겨진 빈 동굴만 탐험한다

물밑에 가라앉은 탯줄의 기억은 이제 너의 것이 아닌데

보름달 뜨면 늑대처럼 섬 제일 높은 곳에 올라

너를 부르는 달빛과 너를 부르는 비늘을 바라본다

오늘도 물 위에 뜬 껍데기 하나

섬을 벗어나는 너의 등을 섬이 본다

물 위의 너는 오늘도 물 아래의 너와 만나지 못하고

벽 없는 바다에서 혼자 벽이었다가

한참 후에 되돌아오는

2부

하얀 기억

금지된 경계에서 부서진 얼굴 찾는다

잡힐 듯 잡히지 않는 잃어버린 이름

예고 없이 저녁별 우수수 사라진다

무서리 내린 사월

꽃등에 새겨진 상처

새벽을 밟고 가는 그림자

발등에 쏟아진

색 잃은 목련의 기억들

요새

만 개의 계단을 오른다

공중에 매달려
칼바람 씻김굿해야
한 발 허락하는 저 피바람 흔적

흔들리는 바위에
걸쳐 있는 녹슨 계단
미끄러질 듯 후들거리는 도망자의 길

낭떠러지에 핀 꽃을 꺾어야
들어가는 비밀 요새

입구 잃어버린 그림자
길이 아닌 곳으로 흩어지고

앙칼진 발톱에 새겨진
안갯속 늪의 방언들

이제 침묵의 문을 닫아야 할 시간

녹슨 계단에서 변명 쏟아진다

미궁에 빠지면

히스테리 극에 달한다

부러진 손톱으로 바닥을 파고

밤새 가시나무 오르다 미끄러지고

피투성이 되어서야 방문 닫힌다

수십 년째 반복되는 발작

며칠째 기척이 없다

들고양이 경계 눈빛 부산하다

문고리에 낀 길목 잃어버렸나

비 세차게 내리자

미노타우로스 미로에서 또 날굿이 시작된다

죽음 난간에서만 열리는 문

한발 늦었다

엉킨 사연만 쪼아대는 흐릿한 눈망울
떠밀려도 한 발짝 선 넘지 못한다

해무에 숨겨진 쓰나미 진실

낯선 친절 베어물다 잃어버린 길
하얀 응고제 녹슨 혈관 타고 흐른다

발자국마다 새겨진 욕망의 그림자

물에 빠진 남자 나오지 못하는데

무너진 모래성에 물길을 내는 여자

쪽배에 건져올린 후미진 항구

낯선 사람 대화 어색하다

한발 늦었다

굿

먹구름 몰고 들어서고
방울소리 점점 거세진다
춤사위 공중 발바닥 만지고
눈빛은 떠 있다

돼지 한 마리 멍석에 꽁꽁 묶여 운다
울부짖는다,
어떤 영혼을 향해서

휘모리장단에 빠진 그믐밤
검은 사선을 넘나드는 별빛

솟대에서 오리알 뚝뚝 떨어진다

맨발로 걷는 칼날 위에
맨살의 살기 흐른다

빈 둥지에 쏟아지는 그믐치
잃어버린 날개 기억나지 않는다

가면은 어디 있나요
솟대 심하게 요동친다

영혼 하나 울고 있다

수컷 본능

　방랑벽이 꿈틀거리면 더 거칠게 으르렁거린다

　여름 소낙비 맞으며 수사자처럼 뛰어가고 싶은 곳은 세렝게티 초원 나무 그늘 아래

　거친 태양을 따라가다 수풀 우거진 대전천 둑방에 머물러, 그늘 없는 낚싯대 찌에 종일 한눈을 판다

　붕어 새끼 두 마리와 피라미 너덧 마리 건져올리고, 꼬리 치며 달아나는 물고기만 쫓아다니다가

　삼복더위에 그을린 수사자 울음소리만 출렁이던 그물망 건져올리고

　딱 한 잔 마셨다고, 힘 빠진 꼬리 내린 채, 사자도 아니고 사내도 아닌 남자가 돌아온 집

　저녁 비린내가 진동한다 스무 해째 야생을 잃어버린 수컷은 거들떠보지 않는다

집 안에 쌓은 담 이쪽저쪽에 따로 거닌다

무엇을 잃어버렸는지 서로 모른다

잎샘추위

다시 병원에 갇혔다

멍든 목련꽃 땅바닥 허옇다

독한 약물 혈관 타고 흐른다 침대에 묶인 채 울부짖는 사십줄 아들, 누구를 기다리길래 불안한 눈빛 철창에 매달려 있다

의사 처방엔 동의가 없다 밤마다 별 캐러가는 노모, 바구니에 주삿바늘 상처 가득하다 삼월 병실에 하얀 별 뚝뚝 떨어진다

목련꽃은 안전할까

손목 상처 아물었는지 허공 맴도는 눈빛 돌아왔는지 상처 덧나지 않았는지

잎샘추위 지나면 퇴원할까

목련꽃 닮은 그 남자

동트기 전인데

까마귀 떼 지어 지붕 위를 난다

지팡이로 휘이 휘이 쫓아도

노모가 먼저 까악 까악 운다

돌아온 아들 방에선 기척이 없다

노모 손에선 수의壽衣 바늘이 엉키고

산허리 굴뚝에선 굽은 연기 피어난다

늙은 복실이 기침은 깊어지는데

새벽 댓바람에 들이닥친 손님 맞이하듯

종일 아들 방에 군불 지피는 노모

구멍난 무쇠솥에선

까마귀 고기 하얗게 익어가고

신기루

남자는 배경을 찍고 여자는 종일 남자 눈빛만 좇고

사막을 도망친 여자가 길을 잃고 별을 따라가고

모래바람에 둘러싸인 남자는 어설픈 컷만 연발하고

카메라 앵글 속 여자 주춤하는 사이 사막여우 재빨리 남자 눈길 돌린다 시든 장미 방울뱀 소리에 가시 더 날카롭다

낙타를 타고 달아난 여자를 찾아나선 남자, 돌아오지 않는다

누군가 모래폭풍 미로에서 신기루를 보았다고 외친다

사막에 선인장 울음소리 가득하다

그들은 사막을 떠나지 못할까 강을 건넌 여자는 왜 자꾸 되돌아볼까 남자 돌아간 길 안전할까

사막은 사막의 소리로 저녁이 건조하다
깊다

관종

소셜네트워크 애도 물결 흐른다
삼가 고인의 명복을 빕니다
댓글에 쏟아지는 하얀 국화꽃

메인뉴스 제치고 붉은 속보 뜬다

유명세 탓일까
자극적 이슈 해시태그 달린다
한숨과 허무 안쓰러움이 교차될 즘
노이즈마케팅 위험성 알린다
특종 자막 거센 파도 휩싸인다

관심 사라지면
고의적 구설수 만들어
아슬아슬 줄타기 하는 불혹

손놓고 바라보는 아버지 눈빛

서로 엇갈리는 애증의 그림자

낯선 사람

가끔 넌
잃어버린 먹이를 찾아
맹수처럼 캄캄한 밤길 헤맨다

어둠에 찔린 상처
깊게 박힌 가시에 피 흐른다
찢긴 옷에선 거친 야수 냄새 난다

닫힌 방에선 괴성만 흐르고

어두운 불빛 사이로
미처 숨기지 못한
송곳니, 발톱 보인다

그림자 깨어나기 전
밤낮이 갈리는 이유를 찾아야 하는데

점점 낯설게 다가오는 너

번득이는 이빨은 숨길 수 없는지
발걸음 더욱 조심스럽다

다행이다

칠판 글씨 안 보인다

안경점 갔더니 안과 가보란다
안과에서 황반변성이 의심되니 대학병원 가란다

대학병원 이미 만원인데
검색창에선 서서히 시력을 잃어가는 질병이란다

불길한 예감 스친다
시력 잃고 더듬더듬 어둠 속 길을 찾던 외할아버지

왜 하필 나일까?

생지옥 늪에 빠져 소설 마침표 찍으려는 순간

백내장입니다
두 눈 수정체 모두 갈아엎고 다초점 렌즈 삽입 수술합니다

무섭지만 다행이다
눈이 구백 냥

너만 있으면

손끝에서 펼쳐지는 신세계, 웃음 감동 배움 넘쳐난다

시공간 넘나드는 마법

시시각각 다양한 콘텐츠 상차림 화려하다 외로울 틈 주지 않는다

아이디어 막혀 빈손 내밀어도 언어장벽 허물고 언제든 불러달란다 답정너부터 창작까지 막힘없이 명쾌하다 툭 던지는 말 한마디 센스 덤으로 다가온다

너만 있으면 자존감 효능감 충만하다

심해 속 그리움 성찰적 연민까지

불멸의 밤도 욕구지수 만땅이다

연인처럼 달콤한 대화는 기본 안성맞춤 솔루션까지

유머 또한 수준급

무엇을 원하시나요

진작에

시원한 산바람 닮았다

진작 보내줄걸

하루 멀다하고 낀 먹구름 속에서
너와 내가 튼실하게 키워낸 것은 비난, 방어, 경멸, 회피, 담쌓기

문밖으로 쓸어버린 환한 웃음
쓰레기봉투에 구겨진 장미꽃 추억
허락 없이 넘나든 아슬아슬한 경계

분노로 돌아온 후벼판 상처들

어디선가 메아리 소리 들려온다

구불구불 산길 따라가보니

첩첩산중에서 넌 물컹하게 익어간다

다래처럼 머루처럼 그리고

책갈피

어디로 가야 하는지 아직도 낯설다

앞서 떠난 사람 대답 없다

그 길 다녀온 사람 묵묵부답이다

눈 덮인 산 아래 드리워진 그림자

멈칫하는 순간 눈폭풍 메아리 쏟아진다

끝없이 이어지는 발길 위태롭다

어디에 있는가 어디로 가고 있는가

가쁜 숨 몰아치며 따져 묻는다

잡힐 듯 잡히지 않는 흔적 사라진다

설산에 매달린 구어체 행간 심하게 흔들린다

오늘은 여기까지

3부

단서

블루베리 농장 거미줄 즐비하다

한눈팔던 풀벌레들 아우성이다

겁 없는 말벌도 종일 사투다

가을밤 귀가하지 않은 곤충들 신원조회 바쁘다

공중에 매달린 사체 껍데기 전시장이 유일한 단서

한쪽은 촘촘히 다른 한쪽은 느슨하게 짜놓은 그물

수사망 좁혀오자

찢어진 그물에서 수런거린다

쉿, 무당거미의 넷째 다리가 수상하다

휴브리스

넌 오늘도 선을 넘는다

교만인가 오만인가

쏟아진다

저 무수한 변명의 늪

허락 없이

신의 경계를 넘어선 불안

면죄부 대가는

덫에 걸린 열등감

그녀의 무기

그녀는 걸어다니는 특종이다

오늘은 병살타를 쳤다

유튜버 손목 시큰하다

넘쳐나는 클릭 수 돈 쏟아지는데 진흙탕이다

기구한 인생 세 치 혀는 덤이다

창문에 새겨진 증거 사진 속 시크한 눈빛과 서늘한 웃음

도루 흔적엔 뱀 허물로 가득하다

관중석에서 야유 쏟아진다

방어벽에 걸린 불안과 집착

적대적 반항에 매달린 변명

도대체 그날 밤 무슨 일이 있었길래

방황

얼룩진 검은 커튼 사이로
조각난 사연 내려놓지 못하는
불 꺼진 그 남자의 방

고독이 지친 밤이면
바퀴벌레 지나간 길 따라
흐릿한 기억 소환하려 사투 벌인다

쇠사슬에 묶인 그림자
퇴색되어가는 흐릿한 기억
어둠 속에서만 너를 찾는 밤

소환 명령 허공 맴돈다

폐그물에 갇힌 밤바다
아무도 걷지 않은 흔적 따라
지층 속으로 사라지던 날

파도에 밀려오는 사이렌의 유혹

추풍낙엽

화려한 스펙 흠수저만 몰랐던
엄마 찬스 아빠 찬스

보고도 못본 척
알고도 모른 척
그들만의 은밀한 거래

고해성사는 면죄부의 지름길

처세술 위장술은 십자가의 덫

품위있는 그녀의 조건

쉿!
너도 발가벗겨지고 싶은가

양두구육

'바이든'이라고 들려서 '바이든'이라 했는데 어찌 그렇게 말하느냐고 물으시면 그냥 '바이든'이라 들려서 '바이든'이라 말한 것뿐인데

입만 열면 격 떨어지는 소리

저 소리 분명 '바이든'인데 '날리면'이라 우긴다

가재는 게 편, 해명 웃프다

양두구육 판 탓일까

검은 차도르 아무나 쓰나

포장된 자격지심 물어뜯긴다

쪽팔린다

구원 환상

 십 년째 상간녀 치마폭 뜨겁다 용하다는 점쟁이 비방도 소용없다 세기의 이혼 사랑과 전쟁 지상파 시청률 고공행진이다 밤마다 풋풋한 상간녀 웃음소리 들린다

 끊임없이 과거를 반추하며 개과천선 희망고문 놓지 못하는 여자가 도화살 홍염살을 탐낸다 뻔뻔함의 극치는 틈새 공략 비결, 껍데기 부여잡은 손 물거품 된다

 한 치 오차 없는 줄다리기

 지금은 맞고 그때는 틀리다 점괘 신통치 않다

 판사가 희망고문에 제동을 건다

 처서에, 열대야 산통 깨지는 소리 요란하다

역린

출세하고 싶은가

길들여 타고 싶은가

보지도 말고
건드리지도 말고
선 넘지 말고

도전하고 싶은가

캐비닛에 숨겨진 치부

용의 목에 거꾸로 난 비늘 하나

급소에 새겨진

단말마의 비명

열두 시

낡은 집 시린 한파 밀려온다
멈춰버린 시계에 쌓인 그날 기억

이월 그믐날 밤 오신 손님

처마 끝에서 변명 쏟아낸다

세상 밖 두려운 눈빛
다시 동굴 속으로 기어들어간다

막힌 하수구 뚫리지 않는다

제멋대로 굳어버린 상처에서
잃어버린 지문 찾을 수 있을까

시린 겨울 지나면 정말로 봄 찾아올까

입춘에 부는 바람 더 길고 차다

상실감

모두 안녕

촘촘히 그물망 치기 전

마른하늘에 별 떨어진다

무너진 감성 위로해주던 미소
막혔던 속 시원하게 뚫어주던 사이다 발언
사각지대에 놓인 인권 찾아주던 맨발
불편한 진실의 문 활짝 열어주던 빈손

혼란스러운 어법들이 제자리 찾아가는데

간절한 영혼 대가 허공에 부딪히고
덫에 거린 피는 양심을 판 흔적
널 방관한 날 처벌해다오 제발

오해와 진실 문 앞에 갇혀버린 사람들
가이드라인 경계에서 서성이는 그림자

뒤돌아보지 마라

그해 여름 거문고별은 뜨지 않았다

우월감 뒷면

능력과 힘 서열 뒤에 시시각각 변하는 너의 민낯, 순종과 너스레, 무시와 공격 모멸감까지 남 탓에 자기합리화 변명 난무하다

무릎 꿇느냐 꿇리느냐

강자에 약하고 약자에 강한 날카로운 눈빛

이분법적 논리 수십 년째 파국 치닫는다

불안한 감정과 공허한 정서 메꾸기 위해 끊임없이 자기 존재를 확인한다 어긋난 성취감에 오류 뜬다

불화가 낳은 대가 공감보다 과시로 포장된다

우월감 뒤에 숨은 무능과 열등감

너는 나의 거울이다

물음표 가득한 너

과대망상

오빠가 미쳤어요

나 없으면 못 산대요

누군가 내 과거 시비 걸면
매일 밤 분노 들끓어요

불법도 합법화하는 법꾸라지가 되고
칼로 찔러놓고 죽이려 한 적 없다고 우겨대요
수치심도 없고 훈계도 소용없어요

과대망상 넘어 피해망상까지 막가파죠

뱀 허물을 입혀놓으면 맹목적으로 나만 구원해요

이따금 본인도 돋보이고 싶대요

어젯밤 또 돈키호테를 읽었나봐요

자화상

　넌 오늘도 자화상을 그린다
　허공 맴도는 눈빛, 떨리는 붓끝에 매달린 구겨진 기억, 흩어진 조각마다 불투명 색채에 쏟아지는 붓 터치 날카롭다

　밤새 찾아헤맨 엇갈린 명암의 흔적

　감춰진 덫에 걸려 절규하는 순간들

　잃어버린 상처 살인의 추억 덧칠한다

　잊어버리고 싶은 것은 무엇인가

　일그러진 자화상에 새겨진 분노와 카타르시스

　스스로 끊어낸 배신의 그림자 속 위로

　과장도 허풍도 아닌 솔직한 고백 쏟아진다

　캔버스에 번진 질감 혼탁하다

반응성 자아도취

 작은 실수에도 불같이 화를 낸다
 별거 아닌 것에 목숨 걸고 무리한 요구로 닦달한다 사소한 일도 벼랑 끝까지 몰고 간다 자기 과시 독불장군 안하무인 너에게 인생은 승자와 패자뿐

 복수심 가득한 눈빛

 언제나 목적은 단 하나, 이에는 이 눈에는 눈

 짓밟아야 풀리는 직성

 한순간 감정이 아닌 삶의 방식이 되어버린 너

 해소되지 못한 상처 덧나면

 억눌린 모욕감에 사로잡힌다

 무섭게 꿈틀대는 칼끝

혹시

욕망은 죄가 없다

금지된 선 넘어도 될까

숨겨진 파일 열리자 멍으로 가득한 너의 침묵 걱정과 우려 넘나든다

불안 엄습하자 감당할 수 없는 난간에서 고장난 브레이크 마구 밟는다

비번 에러 메시지 뜬다

검색 엔진 요동치자 포맷되어버린 과거에선 거짓 정보만 새어나온다

취소 버튼 누르자 파쇄기에서 증거 쏟아진다

다음 카드는 누구일까?

욕망이 죄가 되던 날

4부

틀린 그림 찾기

뭐 달라진 거 없수
늙은 여자 또 묻는다

눈치 없는 영감탱이 한마디

쥐 잡아먹었나
배고파
밥 줘

백도에 날아간 화살

삼식이 식~끼
손이 없어 발이 없어

평생 풀리지 않는 수수께끼

이뻐졌네

이 남자 화법

묵언수행 탈을 쓰고
망상 속 소란 시작되면
자궁 속 근성 놓지 못한다

굵은 이마 주름에 새겨진 훈장
구부정한 등짐 속 불안 마구 쏟아낸다
브레이크 없는 설득과 조율
회피로 자격지심 치부해버린다

치고 올라오는 불안과 욕구
억압의 물길 터지는 순간
꼬인 실타래 다시 헛바퀴 돌고
길 잃은 감정 파괴자 된다

들키고 싶지 않은 정체

네 안에 숨겨진 비밀은 무엇인가

자연법칙

목초지 찾아떠나는 채찍 소리
남겨진 노인과 식량 한 줌
인연의 끈을 놓아야 할 시간

구불구불 천 리 길 유목민 숙명

늑대 울음 가득한 허름한 게르
하얀 수의에 밀려오는 한파

모래폭풍 속으로 흩어지는 넋

뿌연 톨강에 무지의 번뇌 씻고
붉은 헤렌강 노 저으며
해탈의 그림자 초원을 달린다

능력 떨어지면 짐이 되는 인간 삶

초원에 핀 빛과 그림자

노루골 연가

심심할 새가 어딨당가

진달래 피고 지면 개나리 피고
아카시아 피고 지면 하얀 찔레꽃 피고

그러고 나면 밤꽃 피고

올해도 작년에도 후년에도 한 번 어긴 적이 없당게

저것들도 나 없으면 시들할 거여

그리고 말여, 해질녘이면
노루 새끼 마냥 시도 때도 모르고 노는
나를 부르는 엄마 발걸음 소리 그늘로 들린당게

나가 그 그늘에서 자랐어

난 다시 못가네
늦바람났다 상관 마소

저기 좀 보시오
날망낭이골, 찬샘골. 갱이밥골, 질고개골에도
고향 찾아 꽃무더기 몰려오고 있잖소

당산골 넘어
너구리 한 마리나 몰고 가시게

이름 모를 꽃들이 내 마음에도
피고 지고 또 피고 있당게

선 긋기

변질된 사랑의 집착인가

막다른 골목 들어서면 꼬리부터 자른다

숨겨진 허물 쌓여만 간다

변명할수록 수면 위로 떠오르는 진실

가면에 궤변 쏟아진다

두려운 것이 무엇인가

돌이킬 수 없는 시간 흐른다

누가 너를 미로에 가두었나

늪에 빠진 날

애상

누구를 기다리는가

종일 부서지는 파도만 바라보다

비바람 불면

동백꽃 바다에 붉게 뿌린다

파도에 떠밀려 되돌아오고

닿을 듯 닿지 않는 손길

격포항 달빛

무인도에 갇힌

잠깐 하얘지는 물거품 사랑

습관

남자 손이 예뻐 결혼했다던 시누이 땅을 치며 운다

직장 들어가면 나오고 아이들은 커가고
평생 먹여살렸더니 아파도 나 몰라라 한단다

사십 년째 할 일 없는 백수가
보증까지 서 뼈 빠지게 갚아줬더니
딴짓까지 하더란다

왜 사냐고 물으니

지도 사람인데 하며 벌컥벌컥 강소주 마신다

노모가 한마디 거든다

'사람 안 변한다'

이순耳順에 던진 화두

만물 이치 깨닫고, 들은 대로 이해하는가

이순耳順에
어떤 어른이 되었는가

하고 싶은 것
할 수 없는 것
해야만 하는 것을 구분하는가

원하는 삶과
당위적 삶 속에서
무엇을 조율하며 살아왔는가

마침표 찍어야 할 시간 잊은 채

지금, 어디에 한 발짝 내딛고 서 있는가

시지프스 바위, 다시 굴러떨어진다

문자 20200823

음압병실에서 아버지 폐 굳어간다

엄마 마스크에서 비말 쏟아진다

혼비백산 떠난 까치도 소식 없다

침묵하던 매미 곡소리 거세다

어떤 인연 맺고 있는가

넌 아직도 내 안에 있다

거울 속 남아 있는 아침 흔들린다

거칠게 달려온 선택의 끈 놓아야 할 시간

왜 두지 못하는가

아직도 버틸 시간이 필요한가

움켜쥔 손 펼칠 지금

넌 누구의 하루를 딛고 있는가

이월, 바람 끝에 매달린다

레몬 팩

빠르게 주름진다 뇌들보도 고장났다

가뭄은 눈 밑으로 깊고 바쁜 숨결에는 저녁이 먼저 오고

그을린 표정이 따갑다

밤마다 손등 핏줄은 숨어들고 암막 커튼에서 부는 바람은 건조하고

어두워진 대낮 당신의 볕은 어디로 갔나 그늘도 잠깐 멈춘 하루였는데

한밤에 선글라스 끼고 레몬 마스크팩 권한 이가 누구였더라

레몬 향에 취한 밤, 달그림자 잠깐 쉬었다 간다

사랑의 지도

담은 쌓아야지

상처가 돌아오지 못하게 으르렁 소리 넘지 못하게

그림자는 그림자로 살아야지

그림자도 자꾸 쌓으면 담이 되는지는 아직 몰라

아물지도 머물지도 않는 상처처럼

명치 끝에서부터 어긋난 길 서로 알아가는 동안

그림자는 손 내밀어도 닿지 못하지

담에 닿는 순간 조금씩 무너지는

영속적 갈등

고독사

서로 말이 없어 졸혼으로 이어지고

몇 달째 지하 단칸방에선
파리 떼만 들락날락
가난한 냄새 파먹는 생태계 교란이 일어나는데
아무도 녹슨 창문 열지 않는다

주워 담을 수 없는 말과 행동들이
부서진 침대 아래 쌓여 있다
경계를 넘어온 거친 물살
파랑새증후군 흔적 없이 사라진다

낭떠러지에서 잃어버린 것은 무엇인가

빈자리 크게 느껴질 때 넌 누구인가

샘머리공원에 앉아 해만 바라보다 돌아가는 노인 졸고 있다
자신의 전 생애를 품고 그렇게 졸고 있다

해설

번짐과 스며듦의 시학

최은묵/ 시인

 현실의 언어와 시적 언어는 얼마의 거리를 지닐까? 시인의 언어는 삶의 어디쯤에서 충돌할까? 이러한 물음 앞에서 시는 어떤 자세를 지녀야 할까? 이것은 결국 시세계를 형성하려는 시인의 궁리이며 독자는 이를 통해 시인의 사유가 어느 방향으로 흐르는지 밀접하게 살필 수 있는 계기가 된다.

 표출되는 정도에 따라 차이는 있겠지만 결국 시는 서정을 근간으로 한다. 과거를 서사의 배경으로 두거나 현재의 이슈에 초점을 맞추거나 미래 상상에 기대거나 상관없이 사유에 이르는 여정은 시인의 이데아와 분명히 겹치게 마련이다. 그러므로 시인의 가치 의식은 단연코 시의 축을 이루고 있으며 시인이 추구하는 본질적 내면에 접근하기 위해서는 외면의 형식이 아니라 내적 무게중심이 어디로부터 어떻게 스며들었는지 눈여거보아야 한다.

 스며듦은 번짐을 동반한다. 사유의 영역에서 번짐은 교감의 넓이를 형성하고 스며듦은 울림의 깊이를 완성한다.

이런 시점에서 살펴볼 때 박정선 시집『너의 초대는 언제나 위험했다』는 현실을 외면하지 않는다는 정도를 넘어 현실과 맞부딪쳐 발생하는 자극을 근원으로 하고 있다는 점에 눈길을 두어야 할 것이다.

  삶과 죽음이라는 근원적이고 광대한 질문을 품고 시가 어디를 비집고 들어가야 하는지, 어디를 들여다봐야 하는지, 어디를 건드려야 하는지에 관한 부분은 한 명의 시인이 지닌 사상에 의지한다. 그것이 시적 개성이고 특유한 언술이며 아울러 시세계의 방향성을 제시한다는 점은 의심할 여지가 없다. 다만 여기서 살펴보고자 하는 점은 번짐과 스며듦의 단순한 정도가 아니다. 번짐의 폭이나 속도, 스며듦의 심도, 아울러 바닥을 이루는 삶의 경도까지 혼합하여 바라보는 것이 타당하다. 이러한 이유는 박정선 시집에 등장하는 다양한 화자의 특성을 외면할 수 없기 때문이다.

  시집『너의 초대는 언제나 위험했다』는 여러 시점이 존재한다. 시인의 시선 외에도 개성 있는 화자의 관점은 눈여겨볼 지점이다. 다시 말해 박정선 시인이 제시한 일인칭은 언제나 동일한 화자가 아니며 각각 주관적 사유를 지니고 있다. 그럼에도 개개의 화자가 결국 시인의 내적 가치에 끈질기게 달라붙어 하나의 흐름을 꾸린다는 점이야말로 박정선이 시인의 눈으로 세상을 더듬는 고유한 방식일지도 모른다.

  그렇다면 박정선의 시는 어떤 번짐을 지니며 또 어떻게 어디로 스며들고 있을까?

폭우 쏟아지던 날

새벽 발인식 질퍽하다

우산도 없이

피안화 만개한다

구월 스무하루

선운사 붉은 선 넘어버린 죄

화엽불봉초花葉不逢草

비집고 나오는 말들이 온통 핏빛이다

—「피안화」전문

  피안彼岸은 춥지도 덥지도 않은 춘분과 추분 전후를 의미하며, 불교에서는 이승의 번뇌를 해탈한 후의 내세라는 뜻으로 쓰인다.
  피안화가 구월 선운사를 물들였다. 이 꽃은 새빨간 빛깔과 먹으면 죽을 수도 있는 독성 때문에 죽음을 연상하는 사인화死人花, 장례화葬礼花, 유령화幽靈花, 지옥화, 저승화 등의 이름으로 불리기도 한다. 그러나 어떤 이름으로 불리든 화자가 본 피안화는 아름다움이 배제된 "새벽 발인식"의 모습이며, "비집고 나오는 말들이 온통 핏빛"인 통증의 구체적 이미지일 뿐이다. 그렇다고 꽃에서 연상되는 죽음이 이 시가 말하려는 전부는 아닐 것이다. 꽃이 진 후에 잎이 나는 까닭에 잎과 꽃이 서로 만나지 못한다고 해서 붙여진 "화엽불봉초"에서 우리는 시적 화자가 전하고자 하는 또 하나의 목소리에 다가설 수 있다.

 "발인식"은 망자를 떠나보내는 마지막 의식이다. 이제는 다시 만날 수 없는 이별의 시간에 애틋하고 서러운 감정이 사물에 옮겨지는 순간, 시적 대상이 된 피안화는 화자의 모든 내면을 대신하여 자리하게 된다. 죽음의 이미지 그리고 잎과 꽃이 서로 만날 수 없는 안타까움을 동시에 지닌 꽃이 폭우 속에서 뱉어내는 언어를 사람의 말로 옮겨 적는 일은 불가능할 것이다. 그럼에도 폭우를 견디며 만개하는 핏빛 목소리는 화자의 심중을 전달하기에 넉넉하고, 더불어 군락을 이루어 핀 모습에서는 내적 갈등의 확장까지 떠올릴 수 있다.

 현세와 내세의 경계에서 시인이 유일하게 제시한 이미지는 '피안화'다. 그러므로 우리는 사물이 지닌 상징성에 더욱 깊게 다가갈 수밖에 없다. 어쩌면 박정선 시인은 고통과 탐욕과 어리석음으로 윤회하는 '이쪽 언덕'을 말하는 차안此岸과 고통과 속박에서 자유로운 '저쪽 언덕'을 말하는 피안彼岸의 경계에서 이 시집의 화두를 펼치고자 했던 것은 아닐까. 겉으로는 무덤덤해 보이는 시인의 목소리가 번지고 스며들수록 핏빛을 띠는 이유도 그런 까닭이다.

바퀴에 새벽안개 끈적하다

　　가드레일 타고 흐르는 안개비처럼

　　울면서 머물다 간 너는 누구인가

　　부고장에 새겨진 길목 사라진다
　　　　　　　　　　　　　　　　─「로드킬」전문

　죽음은 떼어낼 수 없는 시적 화두이다. 그것을 개인의 서사에 두지 않고 시인의 영역으로 이끄는 순간 시가 발화한다는 사실은 분명하다. 「로드킬」에서 죽음을 맞은 대상이 사람인지 동물인지는 분명하지 않다. 그리고 이것이 실제 목격담인지 상상적 서사인지도 중요하지 않다.

　안개 짙은 새벽에, 가드레일이 설치된 도로에서, 예기치 않은 죽음을 맞은 대상을 떠올리는 순간 우리는 모두 목격자가 된다. 이런 장치는 독자가 시에 스며들게 하려는 박정선 시인의 의도일 수도 있다. 돌연 마주친 죽음 앞에서 "울면서 머물다 간 너"를 이 시를 읽는 독자로 치환할 때 시는 독자를 통해 퍼져나간다. 그만큼을 번짐의 영역이라고 한다면, 시가 스스로 호흡을 시작하는 지점도 이때와 비슷할 것이다.

　「로드킬」에서 박정선 시인이 갈등의 범위를 한정하지 않고 화두를 제시한다는 점도 흥미롭다. 현상적으로 갈등은 새벽 안개비가 내리는 도로에서 맞은 누군가의 죽음을 외면하지 않고 머물러 지켜보는 일이겠지만, 근본적으로는 앞에서 읽은 「피안화」처럼 현세와 내세의 경계에서 사유하려는 시인의 일관된 담론과 일치한다.

폭우가 쏟아지는 선운사에서 치른 발인식이나, 안개비 흐르는 어느 도로의 쓸쓸한 죽음에서나 시적 화자는 정靜의 자세를 유지한 채 대상을 응시한다. 시인이 세상을 관조할 때 시인의 발자국을 디디는 독자는 눈앞의 이미지에 빠져들 수밖에 없다. 번짐은 이때 발생한다. 박정선 시인이 애써 죽음이 무엇이라고 정의하지 않은 이유가 번짐의 자생력을 위한 것이라면, 시적 울림에 젖어드는 순간을 오롯이 독자를 위해 비워두려는 몸짓은 타당하다.

까마귀 떼 지어 지붕 위를 난다

지팡이로 휘이 휘이 쫓아도

노모가 먼저 까악 까악 운다

돌아온 아들 방에선 기척이 없다

노모 손에선 수의壽衣 바늘이 엉키고

산허리 굴뚝에선 굽은 연기 피어난다

늙은 복실이 기침은 깊어지는데

새벽 댓바람에 들이닥친 손님 맞이하듯

종일 아들 방에 군불 지피는 노모

구멍난 무쇠솥에선

까마귀 고기 하얗게 익어가고
—「동트기 전인데」 전문

시인이 세상을 관조하는 방식은 각기 다르다. 핏빛을 지닌 말은 간절함을 넘어 애절함을 지닌다. 하지만 애절함이 모두 큰소리를 지니는 것은 아니다. 너무 큰 통증은 무음에 가깝고 내면에 깊게 자리한 통증은 타인에게 전이된다.
「동트기 전인데」에서 화자가 바라보는 주 대상은 "노모"이다. 본문에서 "까마귀"는 노모의 기억에 대한 부분을 유추하게 하고, "수의壽衣"와 "구멍난 무쇠솥"은 삶의 막바지에 이른 상태를 넉넉히 암시하며, "늙은 복실이"는 곁에 머무는 이가 거의 없는 쓸쓸함을 묘사한다. 여기에 보태 "새벽 댓바람에 들이닥친 손님"처럼 비유된 아들에 대한 이미지는 어느 시골 마을에서 홀로 삶을 정리하는 노년을 가슴 저리게 표현하기에 충분하다.
말하지 않아도 스머드는 저릿함을 공감이라고 한다면, 이 시가 지닌 공감의 범위는 동트기 전이어서 더욱 애달프다. 새벽 미명은 새로운 아침을 기다리는 희망의 시간임에도 불구하고 이 시에서 동트기 전은 반어적 의미로 차용되고 있다. 마치 해가 뜨면 모든 게 사라질 것만 같은 불안감은 "까마귀 떼 지어 지붕 위를" 날아가는 모습에서 더욱 강렬하게 작동하고, 아침을 맞기 전 "산허리 굴뚝"에서 피어나는 "연기"가 하늘로 높게 오르지 않고 "굽은 연기"로 피는 모습 또한 가까운 미래에 노모에게 닥칠 어두움을 그려내고 있다.

　방에서 기척이 없는 아들과, 아들을 위해 방에 군불을 지피는 노모의 대비는 이 시의 갈등을 극대화하는데, 이런 불안정한 관계가 바로 박정선 시집을 채우는 핵심 구조이며 시집을 읽는 내내 긴장을 놓을 수 없는 이유이기도 하다.

　시는 번짐과 스며듦으로 세상에 펼쳐진다. 그것이 얼마나 짙은지 얼마나 깊은지는 시인의 몫이라고 하더라도 세상과 독자의 심장에 닿는 순간부터 시는 스스로 성장한다는 사실을 부인할 수 없다. 이렇게 볼 때 박정선의 시가 때론 거침없이 때론 휘어져 세상을 적시려는 까닭은 결국 삶의 본질적 물음에 대한 고뇌에서 비롯되었으며 아울러 시적 갈등을 개인에 두지 않고 함께 고민하자는 담론으로 봄이 마땅하다.

　그렇다면 박정선 시인이 세상에 이야기하고 싶은 테마는 무엇일까? 시집 『너의 초대는 언제나 위험했다』는 전체적으로 두 개의 축을 이루고 있는데, 하나는 근원적이고 본질적인 삶의 화두이고, 또 하나는 삶에서 마주치는 불합리한 시스템에 대한 상식적 물음이다.

　　돌아보지 마라

다시 길 잃을지 몰라

등 뒤에 쏟아지는 죽비

사미십계沙彌十戒 유혹
　　　　　　　　　—「어찌 하」부분

「어찌 하」는 이 시집의 한 축을 이루는 삶의 근원적 갈등과 질문에 부합한다. 욕망, 번뇌, 욕심, 유혹 등 삶을 자극하는 매개체를 뿌리치는 일은 쉽지 않다. 그것들은 빠르고 직접적이어서 영향력이 크다. 이런 자극들은 이성과 상식으로 유지되어야 할 관계를 흔들어댄다. 외력으로 인해 내적 갈등이 시작되는 것도 여기쯤이다.

박정선 시인은 흔들리더라도 무너지지 않아야 한다고 끊임없이 목소리를 낸다. "등 뒤에 쏟아지는 죽비"는 본능을 건디고 이성을 지켜야 함을 다시 주장하는 부분이다. 그러므로 "사미십계沙彌十戒"는 종교적 영역이 아니더라도 삶의 모든 순간에 지켜야 하는 실천적 행위이며, 태어남에서 떠남까지의 모든 과정에서 발생하는 온갖 갈등과 유혹을 이겨내고자 하는 다짐이기도 하다.

하지만 여전히 유혹은 달콤하고 그것을 참고 견디는 건 고난이다. "뒤돌아"본다는 건 미련과 집착의 발현이고 결국은 삶의 방향을 놓치는 결과를 초래할 뿐이다. "선사"처럼 마음을 다시 잡을 수 있는 장소는 이럴 때 필요하다. "죽비"에 등을 내어준 이유가 더 심하게 흔들리지는 않기 위해서

였다면 "다시 길 잃을지 몰라"라는 독백은 절망이나 무너짐이 아니라 같은 반복을 되풀이하지 않겠다는 의지를 함유하고 있다는 반증인 셈이다.

 삶은 흔들림과 방황의 연속이다. 밖에서 마음을 건드리는 달콤한 유혹들은 걸음을 주저앉게 만든다. 시는 그런 곳에서 출발한다. 구부러진 것을 바로잡을 때마다 생기는 마디가 결국 시를 이루는 힘이 된다. 박정선 시인이 눈여겨보는 지점이 바로 이런 삶의 마디이다. 이것이 바로 갈등이고 욕망이고 번뇌이며 시인이 끝없이 파고들고자 하는 시적 원천이다.

  무지의 수행길 멀기만 한데

  핑계 얻고자 간 점집에서

  어쩌자고 또
  덫에 걸리고 마는

          ―「틀」 부분

 "감당하지 못하고 또다시 어제에 빠져 허우적"거린다는 건 「어찌 하」에서 말했던 뒤돌아보는 행위와 같은 개념이다.

 마음을 다잡아도 번뇌는 사라지지 않고, 그로 인해 약해진 화자가 찾은 곳은 "점집"이다. 사실 점집을 찾은 것은 "수행"의 지난함과 조급함이 만든 "핑계"일 뿐이다. 하지만 핑계는 합리화의 다른 얼굴일 뿐, 스스로 "덫"이라고 인식하는 순간 문제해결의 정당성을 지니지 못한다는 사실을 화자도 잘 알고 있다.

사실 시는 삶의 고뇌를 해소하지는 못한다. 시는 답으로 가는 길을 제시하는 장르가 아니라 끊임없이 문제를 되뇌는 작업이기 때문이다. 그렇게 볼 때 「틀」은 여전히 갈등구조를 놓치지 않고 있으며 문학의 테두리 안에서 담론을 형성하고 있다.

어쩌면 "수행"이란 시인으로서 박정선이 걷고자 하는 여정의 다른 이름일지도 모른다. 철학이나 종교와 비슷하면서도 다른 세계에 자신의 시를 놓으려는, 그곳에서 자신만의 방식으로 인간의 내적 갈등을 재해석하려는 시도로도 볼 수 있다. 이런 관점에서 이 시는 박정선의 시세계로 접근하는 하나의 통로를 제시하고 있으며 이 길을 따라 안쪽으로 걸어들어가면 상징에 기대 삶을 되짚고자 하는 시인의 몸짓에 조금 더 가깝게 닿을 수 있다.

빈손 쥐고 돌아온 섬

일월, 가의도 바람 차다

밀어낼 듯 반기는 붉은 동백꽃

검은 옷 입은 채 출렁이는 밤바다

방향 잃은 발길 다시 사경 헤맨다

엄마 부르는 소리 들린다

그물에 걸린 날개

잃어버린 흔적에서 찾은 꺼져버린 기대

경계를 넘어

다시 섬으로 돌아갈 시간

―「섬」 전문

"가의도"는 전면에 내세운 사물일 뿐, 이 시에서 상징적으로 살펴야 할 부분은 "섬"이다. 섬은 보편적 세계와 분리된 공간이다. 뭍에서 떨어진, 바다에 둘러싸인 섬을 되돌아가는 곳으로 정의하는 것은 의아하다. 그럼에도 "섬"을 돌아가야 하는 곳으로 지칭한 까닭은 무엇일까? 이러한 궁금증에 대한 힌트는 「돈주앙 콤플렉스」 첫 행, "넌 무인도에 정착하지 못하고 가끔 섬을 탈출한다"에서 얻을 수 있다.

"무인도"는 단순히 사람이 살지 않는 곳이 아니라 태초의 장소를 비유한다. 이것을 삶에 반영하면 "섬"이란 모태 같은 시작점이며, 박정선 시인이 제시한 모든 갈등을 유일하게 되돌릴 수 있는 상징적 장소인 셈이다. "섬"은 모든 감정과 이성의 기준이고, 욕망과 유혹은 섬에서 멀어지는 원인이며, 섬으로 다시 돌아온다는 건 죽비를 맞는 수행의 방향이다. 그렇다면 사람들은 왜 "섬"으로 회귀할까?

"일월", "엄마", "그물", "경계" 등, 이 시의 **뼈대**를 이루는 단어에는 '시작'과 '미완'의 의미를 동시에 내포한다. 즉 상대적 위치인 "뭍"은 "기대"의 장소이며, 바다는 섬과 뭍의 사이에서 "경계"가 되고, "그물에 걸린 날개"는 준비되지 않은 상태로 낯선 세계를 꿈꾼 결과이다.

「돈주앙 콤플렉스」에서 조금 더 살펴보면, "똑같은 아침과 똑같은 저녁"은 단순한 단조로움이 아니라 현실 저쪽의 이상에 마음을 둔 표상이다. 그리고 이런 마음은 이상을 넘어 "보름달 뜨면 늑대처럼 섬 제일 높은 곳에 올라" 욕망에 이르고 만다.

물거품처럼 깨지고 말 헛된 꿈으로 인해 바다를 헤엄친다는 것은 삶의 본질을 놓친 채 "물 위에 뜬 껍데기" 신세가 되는 일이다. "벽 없는 바다에서 혼자 벽이었다가/ 한참 후에 되돌아오는" 행위를 반복할 때마다 몸에는 마디가 늘어간다.

박정선 시인이 마디가 되어버린 삶의 갈등에 천착하는 이유는 시행착오에서 얻은 경험치일 수도 있겠지만, 주변을 둘러보고 외면하지 않는 동안 더 아래쪽의 물음을 깊이 파헤치려는 시적 가치이며 더불어 시세계를 견고히 다지기 위한 몸짓으로 보아도 무방하다.

그렇다면 이제는 내적 자아의 방향을 정립한 시인에게 외적 세계도 동일한 방향을 지니는지 짚어볼 필요가 있다.

금지된 경계에서 부서진 얼굴 찾는다

잡힐 듯 잡히지 않는 잃어버린 이름

예고 없이 저녁별 우수수 사라진다

무서리 내린 사월

꽃등에 새겨진 상처

새벽을 밟고 가는 그림자

발등에 쏟아진

색 잃은 목련의 기억들

― 「하얀 기억」 전문

 "경계"는 실체적이든 관념적이든 스스로 상징을 지닌다. 무엇의 안과 밖을 구분하는 선은 삶의 모든 영역에서 존재하며 그것은 관습적인 규율로 작동한다. 하지만 모든 경계가 안과 밖을 의미하는 것은 아니다. 계절과 계절의 사이도 경계이고, 사람과 사람의 사이에서도 경계는 만들어진다. 이처럼 경계의 의미를 무엇과 무엇을 구분짓는 관념적 영역에 두고 「하얀 기억」을 읽는다면, 이 시는 처음 두 연, "금지된 경계에서 부서진 얼굴 찾는다// 잡힐 듯 잡히지 않는 잃어버린 이름"이 뼈대이며 뒷부분은 그것을 뒷받침해주는 비유라는 것을 어렵지 않게 알 수 있다. 하지만 구체적 현상을 배경으로 둔 "무서리 내린 사월"이나 "색 잃은 목련"이 어떤 관념을 뒷받침하는지는 아직 불분명하다. 이런 이유는 처음 두 연에서 "부서진 얼굴"과 "잃어버린 이름"이 지닌 강한 상징성 때문이다.

'얼굴'과 '이름'은 언뜻 사람을 떠올리게 만드는 단어이기도 하지만, 이것을 사람이라고 단정지을 수 없는 까닭은 사회적 측면에서 이 두 단어가 '시스템'의 다른 명칭으로 읽히기 때문이다. 즉 부서진 얼굴은 망가진 시스템으로, 잃어버린 이름은 손상된 체계로 읽어도 크게 무리가 없다. 그것이 어떻게 불리든 실체가 무엇이든 상관없이 이 시에서 분명히 알 수 있는 점은 정상적으로 작동하지 않는 현실과 마주친 화자의 내면이다. 그렇다면 왜 하필 "사월"일까? 역사적으로도 사회적으로도 사월은 거대한 화두를 담고 있다. 멀게는 1948년 제주 4·3항쟁이 있고, 비교적 가깝게는 2014년 세월호 침몰 사고까지 아픈 기억들로 넘치는 시기가 바로 사월이다. 아직도 해결되지 않은 지난 날은 목련이 피는 계절마다 아물지 않은 상처를 후비고 역사적 통증은 여전히 그대로이다.

그때를 잊지 말고 되돌아보자고, 그들의 이름을 놓아서는 안 된다고 부르짖는 박정선 시인의 외침과 다짐에서 '하얀 기억'이란 지워지고 비워지는 의미가 아니라 오히려 깨끗하고 숭고하게 떠올려야 하는 메시지라는 사실을 확인할 수 있다. 이렇듯 사회적 이슈는 박정선 시집을 이루는 또 다른 축으로 작동하고 있는데, 「고독사」를 통해 사회적 시스템과 갈등의 문제에 한 걸음 더 들어가보기로 한다.

> 샘머리공원에 앉아 해만 바라보다 돌아가는 노인 졸고 있다
> 자신의 전 생애를 품고 그렇게 졸고 있다
>
> ―「고독사」 부분

화자는 "공원에 앉아 해만 바라보다 돌아가는 노인"의 일과가 지닌 무게를 외면하지 않고 오래 지켜본다. "졸혼"과 "단칸방" 그리고 "가난한 냄새"와 "녹슨 창문"과 "부서진 침대" 등 세상의 중심부에서 밀려나 무기력해지고 소외된 계층을 시로 끌어들인 시인은 "노인"이란 말을 어느 특정세대를 일컫는 정도에 그치지 않고 생을 전반적으로 돌아보게 하는 객관적 시선으로 치환한다.

나이가 적고 많음으로 삶을 관조하는 건 시의 성질과 거리가 멀다. 노인이라는 말이 가진 무게감은 단순히 세월의 누적이 아니라 많은 경험과 오랜 갈등의 복합체로서 되짚어 간접적으로 체험할 수 있는 가치를 내포한다. 그렇게 볼 때 "자신의 전 생애를 품고 그렇게 졸고 있다"는 묘사는 차라리 경외롭다.

연륜이란 나무에 일 년마다 하나씩 고리가 생기는 나이테를 말한다. 즉 여러 해 동안 쌓인 경험은 나무를 우뚝 세우는 힘의 원천이다. 박정선 시인은 외형의 테두리가 아니라 속을 채우고 있는 삶의 나이테를 더듬어 읽고자 한다. 앞서 살아온 이들의 경험을 통해 현재의 갈등에 접근하는 방식은 현명하다. 그러므로 시인은 스스로 그들의 가치에 스며듦으로서 어떻게 세상에 효과적으로 번질 수 있는지 고민하는 것이 당연하다.

시는 멈추지 않고 세상에 퍼져나간다. 누군가의 시는 뿌리처럼 더 낮은 바닥으로 파고들고 누군가의 시는 꽃잎처럼 공중에서 흩어진다. 박정선의 시는 어떠할까? 시집 『너의 초대는 언제나 위험했다』의 전체를 관통하는 위치를 둘러볼 때 박정선의 시는 바닥 아래까지 비집고 들어가 세상을 적시고자 하는 습기를 품고 있다. 스스로 번짐의 대상이 되어 세상에 스며들고자 하는 그의 목소리에 귀 기울이면 때론 애절함이 들리기도 하고 때론 침묵으로 소리를 누른 채 몸짓만으로 절규한다는 걸 알 수 있다.

담은 쌓아야지

상처가 돌아오지 못하게 으르렁 소리 넘지 못하게

그림자는 그림자로 살아야지

그림자도 자꾸 쌓으면 담이 되는지는 아직 몰라

아물지도 머물지도 않는 상처처럼

명치 끝에서부터 어긋난 길 서로 알아가는 동안

그림자는 손 내밀어도 닿지 못하지

담에 닿는 순간 조금씩 무너지는

영속적 갈등
—「사랑의 지도」 전문

  누군가의 욕망으로 인해 다른 누군가가 아파하는 현실은 분명 불합리하다. 그런 상황에 박정선 시인이 주변의 함구에도 아랑곳하지 않고 거침없이 소리를 던지는 이유는 그의 시가 과거보다 현재에 가깝고 몰상식보다 상식에 가깝기 때문이다. 즉 그의 시는 보편적 가치에서 뒤틀린 언저리에서 자주 발화하는데, 뒤틀린 현상을 마주친 바로 그 순간부터 목소리를 쏟아내지 않는 걸로 보아 박정선의 시가 서사 한 칸 아래에 발을 내리고 어떤 색깔로 표출할지 고민하고 있음을 간접적으로 알 수 있다.

  이런 점에서 「사랑의 지도」는 숙고하는 시인의 자세를 명징하게 보여준다. "담"은 외부로부터 보호하는 기능 외에도 내부의 감정들이 무분별하게 발산되는 것을 막아주는 장치다. 다시 말해 "담"은 정제되지 않은 언어를 거르기 위한 최소한의 기능이며 동시에 하나의 사유로 정리되기 전까지 다른 곳에 눈길을 두지 않겠다는 다짐으로 작동한다.

  이 시는 표면상 사랑을 내세우면서 관계의 부조화를 이야기하고 있지만 내면을 파헤치면 그림자라는 사물을 차용해 빛의 중심에서 비켜난 삶을 포괄적으로 아우르고 있다. 세상에는 그림자처럼 빛의 뒤에서 두께도 없이 존재하는 이들이 너무나 많다. 아무리 뭉쳐도 보호할 수 있는 담 하나 쌓지 못하는 현실에서 유일한 높이가 바닥이라는 사실은 서글플 따름이다.

나는 아니겠지, 내일은 달라지겠지, 수없이 읊조려보지만 "아물지도 머물지도 않는 상처처럼" 현실은 도무지 바뀌지 않는다. 이때 시인은 누군가 품은 욕망의 수단으로 이용되는 소비재로서의 삶에 손을 내밀길 주저하지 않는다. 이런 점에서 볼 때 "그림자도 자꾸 쌓으면 담이" 될 거라고 믿는 마음이야말로 박정선 시인의 솔직한 심상이고 시적 이데아이며 그가 시를 쓰는 원동력일지도 모른다는 생각은 과하지 않다.

어디로 가야 하는지 아직도 낯설다

앞서 떠난 사람 대답 없다

그 길 다녀온 사람 묵묵부답이다

눈 덮인 산 아래 드리워진 그림자

멈칫하는 순간 눈폭풍 메아리 쏟아진다

끝없이 이어지는 발길 위태롭다

어디에 있는가 어디로 가고 있는가

가쁜 숨 몰아치며 따져 묻는다

잡힐 듯 잡히지 않는 흔적 사라진다

　설산에 매달린 구어체 행간 심하게 흔들린다

　오늘은 여기까지

―「책갈피」 전문

　앞에서도 언급했지만, 시집 『너의 초대는 언제나 위험했다』는 삶의 근원적 물음과 비상식적 현실에 대한 외침을 두 축으로 한다. 그렇다고 두 개의 커다란 화두를 어떤 기준에 따라 갈래를 나누는 일은 쉽지 않다. 어느 부분에서는 비슷하고 어느 부분에서는 다르지만 분명 상통하는 맥락이 겹쳐 존재하기 때문이다.

　박정선의 시세계가 번짐의 공감과 스며듦의 울림을 지닌다는 사실은 부인할 수 없다. 그러나 이번 시집에서 머물렀던 세계가 다음에는 어디로 향할지 누구도 예단하기 어렵다. 다만 그의 말을 통해 유추할 수 있는 조금은 "어디로 가야 하는지 아직도 낯설다"는 진술이 불확실성이 아니라 이번 시집 이후의 세계에 대한 고민의 흔적이며, 타자의 걸음을 뒤따르지 않고 자신만의 방향을 정립하고자 하는 강렬한 움직임으로 보인다는 사실이다.

　독백처럼 써 내려간 시 「책갈피」에서 우리는 박정선 시인의 포괄적 갈등을 엿볼 수 있는데, 그 중 하나는 시세계에 대한 것이며, 다른 하나는 삶의 방향성이며, 마지막 하나는 역사적 흐름에 대한 고찰이다.

개인적으로나 사회적으로나 '역린'은 존재한다. 과연 그것은 "보지도 말고/ 건드리지도 말고/ 선 넘지 말"(「역린」)아야 할 대상인지는 의문이다. 세상엔 역린 같은 갈등이 셀 수 없이 많다. 이런 세상에서 시인의 책무는 무엇일까?

시는 시인의 사유로 태어난다. 그 후에 뿌리가 되느냐 잎이 되느냐 아니면 꽃이나 열매가 되느냐는 지금 당장 논할 가치가 아니다. 뿌리는 뿌리의 자리에서 잎은 잎의 자리에서 그리고 꽃과 열매도 마찬가지로 각자의 자리에서 제 역할을 담당하면 그만이다.

시인이 어떤 목소리로 세상에 질문하는지, 어떤 자세로 갈등과 충돌하는지 듣고 보는 것으로도 족하지만, 거기서 조금 더 나아가 어떻게 번지고 스며드는지 함께 느낄 수 있다면 시는 분명 스스로 생명력을 지니게 될 것이다.

박정선 시인이 "시린 겨울 지나면 정말로 봄 찾아올까"(「열두 시」)라고 묻는 까닭도 이와 다르지 않다. 시인이 끊임없이 세상에 질문을 던지는 동안 질문은 또 다른 질문이 되고, 다른 질문이 번지고 번져 세상 깊숙이 스며들 때 시인은 이전에 하지 않았던 새로운 질문을 세상에 던질 것이다. 그러므로 박정선의 이번 시집이 삶의 근원과 상식의 화두로 세상을 파고들었다면, 다음 시집에서 꺼낼 새로운 질문은 또 어떤 세상을 비집고 들어갈지 그것은 여백으로 남겨두어도 좋다. 우리는 다만 번짐이나 스며듦의 끝에서 박정선의 다음 목소리를 기다리면 되는 일이다.

현대시세계 시인선 181
너의 초대는 언제나 위험했다

지은이_ 박정선
펴낸이_ 조현석
기　획_ 김정수, 우대식
펴낸곳_ 북인
디자인_ 푸른영토

1판 1쇄_ 2025년 07월 07일
출판등록번호_ 313 - 2004 - 000111
주소_ 121 - 842 서울 마포구 서교동 460 - 34, 501호
전화_ 02 - 323 - 7767
팩스_ 02 - 323 - 7845

ISBN 979-11-6512-181-5　　03810
ⓒ박정선, 2025

책값은 뒤표지에 있습니다.
저자와 협의 아래 인지를 생략합니다.

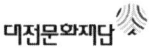

이 사업은 대전광역시, (재)대전문화재단에서 사업비 일부를 지원받았습니다.

이 책의 글과 그림에 관한 저작권은 저자와 출판사에 있습니다.
저자 허락과 출판사 동의 없이 내용의 일부를 인용, 발췌를 금합니다.